TRAITÉ D'AMÉRIQUE.

DÉVELOPPEMENT DES MOTIFS

ET

JUSTIFICATION

DE LA RÉCLAMATION DES HÉRITIERS ET AYANTS-DROIT A LA SUCCESSION

DE PHILIPPE-FRANÇOIS RENAUT.

Au moment où il a été question de déterminer et de répartir, entre les ayants-droit, l'indemnité réservée à la France, sur les *vingt-cinq millions* qu'elle a attribués aux Américains, les héritiers de Philippe-François RENAUT, ancien directeur général des Mines à la Louisiane, propriétaire de riches concessions, se sont empressés de présenter leur réclamation appuyée des titres les plus authentiques et les mieux fondés. Cette réclamation venait d'être l'objet de la faveur et de l'intérêt des deux Chambres; ainsi, dans l'état des choses, les réclamans auraient pu, sans doute, attendre avec une sécurité complète le résultat de la décision, d'autant mieux qu'il leur a été donné, au ministère des relations extérieures, l'assurance *officielle* que le Ministre avait fait remettre tous les titres originaux, documens et pièces propres à éclairer la religion de l'autorité chargée de prononcer sur cette demande. Cependant leur cause est si grave, et présente une si haute importance, qu'ils ne veulent pas omettre une seule formalité.

Les héritiers Renaut se persuadent aussi que, d'après la loi et les ordonnances royales des 18 et 21 mai 1836, la Commission aura puisé, près des légations des États de l'Union, tous les documens propres

1

à bien établir cette distinction, qui est indispensable, que leur propriété contient, par sa propre nature, des objets mobiliers qui appartiennent à l'espèce désignée par la loi, comme se trouvant comprise dans l'art. 3, portant : que le fond de l'indemnité est destiné à des réclamations présentées par la France, dans l'intérêt de ses citoyens, en raison de confiscations, dévastation *ou autres propriétés*, etc. Nos demandes ont été fortifiées de tous les élémens qui tendent à nous placer dans notre véritable position.

Les législateurs qui ont été chargés des divers rapports sur ce Traité ont compris tout ce que nous pouvions attendre de leur sollicitude ; ils ont exprimé combien il était indispensable et opportun de mettre un terme à nos sacrifices, et c'est précisément, en faveur de la famille RENAUT, et pour bien constater qu'ils avaient droit à l'indemnité, que MM. les Pairs et les Députés ont pris leur réclamation pour type et pour point de comparaison de la juste application de la loi ; afin qu'il ne reste aucun doute à ce sujet, dans les esprits, nous consignerons, dans ce Mémoire, et par ordre, les *propres* expressions des orateurs, extraites du journal officiel.

Nous voulons aussi démontrer qu'il n'y a pas de démarches, de recherches que nous n'ayons faites pour augmenter le nombre de nos documens et de nos matériaux ; que nous avons puisé jusque dans les archives des contrées presque sauvages ; que nous en avons tiré la preuve *incontestable*, de la confiscation et spoliation d'objets mobiliers, ou de marchandises, pour des sommes immenses, et que ces objets, qui ne rentreront jamais dans nos mains, seraient perdus pour nous, si, sur l'allocation des *quinze-cents mille francs*, nous n'étions pas indemnisés, au moins en partie, de désastres qui n'ont été, comme l'a fort bien observé à la tribune l'un des Rapporteurs de la loi, l'honorable M. Jay, que les résultats des divisions intestines ou de guerres qui ont eu lieu.

Tout en cherchant à nous indemniser, d'après la connaissance des pertes établies par des pièces, et sur les rapports des nos ambassadeurs ou plénipotentiaires, qui prouvent qu'à notre égard les Américains ont agi tout-à-fait en contradiction avec les deux Traités de la cession de la Louisiane, principalement avec celui de 1803, nous ne doutons pas que la protection et les garanties que nous assurait ce dernier Traité, de la part des États de l'Union, nous auraient dispensés de présenter nos réclamations, aujourd'hui, si ce même Traité eût été rigoureusement observé.

On ne nous *assimilera* pas à un grand nombre de réclamans, qui ne peuvent justifier encore que d'une propriété éventuelle, sans être appuyée de la justification d'aucun titre. Il est d'un intérêt majeur, pour les héritiers Renaut, d'*établir* qu'ils sont dans une classe toute particulière; que leur titre a été jugé *réel et incontestable*, même par les commissions et par les auteurs des Traités; qu'ils prouvent la jouissance, par des pièces authentiques, par des ventes faites par Renaut, et sanctionnées par le Gouvernement américain lui même.

Les héritiers Renaut ont l'espoir que l'autorité qui doit prononcer, tout en reconnaissant leur droit à l'indemnité, et en les y faisant participer, les fera profiter de l'influence que lui donne sa position, pour faire ressortir également leurs droits à une transaction prompte et *officielle*, relativement à la réintégration dans le fond de la propriété, qui aurait dû être, dès le principe, un objet de compensation de plein droit, lorsque la France se montrait si grande et si généreuse envers l'Amérique; peut être, à ce sujet, les Ministres et les hommes d'État supérieurs qui doivent en connaitre, ne verront-ils pas sans intérêt le récit historique que nous allons placer sous leurs yeux, pour donner plus de force encore à la demande de l'indemnité, et pour corroborer, s'il est possible, cette bienveillance si généreuse, si publiquement exprimée par la plupart des Membres du Gouvernement, envers la famille Renaut.

Origine de la concession faite à PHILIPPE-FRANÇOIS RENAUT.

En 1714, et dans les années suivantes, le Roi de France fit un appel
public aux propriétaires et aux industriels français qui, moyennant
des concessions qui pourraient leur être données, après diverses
épreuves, voudraient transporter des moyens d'exploitation en Amérique, principalement à la Louisiane. M. *Renaut*, riche propriétaire,
et homme d'un vaste génie, obéit à cet ordre royal; il conduisit avec
lui, *à ses frais*, plusieurs ingénieurs, et près de *six cents mineurs ou
cultivateurs français*. Il s'occupa, particulièrement en arrivant, de la
découverte de l'exploitation des mines de fer et de plomb; il donna en
peu de temps le mouvement, et commença la civilisation de contrées
tout à fait désertes. Il tint à ses promesses envers la France, en con-
sacrant la plus grande partie de sa fortune à ces utiles découvertes. Ce
fut alors que la France tint aussi ses engagemens envers lui, et que
Philippe-François Renaut obtint des concessions. Voici ce qui se passa
à ce sujet :

Au mois d'août 1717, le Roi de France avait créé, par des lettres-
patentes, en forme d'édit, une *compagnie occidentale* qui, après sa
réunion à la compagnie des Indes, obtint par l'Art. 5 desdites lettres-
patentes, que toutes les terres, côtes, îles, etc., composant la province
de la Louisiane, lui seraient cédées avec plein pouvoir de vendre, d'a-
liéner lesdites terres, sans réserve aucune. (Voir Pièce No 1.)

Le 14 juin 1723, ladite compagnie, par l'organe de ses propres
officiers et légitimes représentans dans la province Illinoise, faisant
alors partie de la *Louisiane*, concéda, en fief absolu (en franc alleu),
à Philippe Renaut, sujet du Roi de France, résidant alors au fort de
Chartres sur le Missipipi, plusieurs étendues de terre, et parmi elles,
une au grand Marais, près le fort de Chartres, et *une autre* au vieux
fort et village de Peoria, appellé alors Pimitoni, (voir la copie de la
concession; Pièce, No. 2).

Tous les voyageurs qui ont écrit sur la Louisiane, se plaisent à rendre hommage aux services importans que rendit alors Philippe Renaut ; *Schoolerast*, entre autres, rapporte *que l'influence de notre ancêtre était immense dans le pays ; que la compagnie Occidentale le considérait comme l'homme le plus expérimenté dans la science des Mines ; qu'avant d'être concessionnaire, il avait acheté, de ses propres fonds, plusieurs propriétés particulières, sur lesquelles il forma des établissemens qu'on appelle Renaut ou la Renaudière.*

En 1731, la compagnie Occidentale n'ayant pu réaliser tous les avantages sur lesquels elle comptait, demanda et obtint la permission de rendre la province à la couronne de France ; mais avec la condition *expresse que ce serait sans préjudice des concessions faites pendant son administration.* La vérité de cette dernière assertion est prouvée d'une manière très positive, par les nombreuses ventes partielles, faites par Renaut, dans les années 1736, 1738, 1740, cinq, sept et neuf ans après le retour de la province de la Louisiane à la couronne ; la copie de la traduction authentique, de l'un de ces contrats de vente, se trouve parmi les documens que nous fournissons. (Pièce N° 3).

Les titres de toutes les concessions de terres ainsi vendues par Renaut ont été transmis aux héritiers, ou ayants-droit des acheteurs, et ont obtenu la protection et l'appui de l'autorité française ; ils ont été considérés successivement, par l'Angleterre et l'Amérique, comme des titres *valides et légaux.* On peut s'en assurer par le Rapport des commissaires (Pièce, N° 4).

Philippe Renaut, ayant appris la mort de son père, revint en France, où il mourut le 24 avril 1755, en pleine jouissance de ses propriétés.

L'invasion des Indiens dans la Louisiane, fit disparaître, pendant long-temps, des titres originaux, qui ne furent retrouvés qu'un grand nombre d'années après, et comme par miracle, sur des sauvages qui s'en étaient emparés ; toutes les recherches faites par les héritiers du sang, et par le gouvernement Américain lui-même, avaient été inutiles jusqu'alors.

On supposera bien, sans doute, que les véritables héritiers de Renaut, qui se trouvaient en France, n'avaient pas renoncé à cette immense succession, puisqu'ils avaient la correspondance avec leur auteur, qui leur permettait d'indiquer au moins, les diverses contrées dans lesquelles il avait rendu son nom si cher et si respectable. Enfin, un Américain, ancien gouverneur d'une des provinces Occidentales, apprit que la minute des titres existait dans le bureau des terres de la contrée de *Randolph*. On y trouva, avec le titre de concession, le contrat de la vente que Renaut avait faite de son vivant, à *Nicolas Prévot*. Le magistrat en donna de suite avis à M. le comte de Pansemont, alors premier président de la cour royale de Nismes, qui avait épousé la petite fille de Philippe Renaut, mère de madame la comtesse de Tournon.

Nous donnons ces détails pour bien démontrer qu'il était impossible aux héritiers de surmonter une force tout-à-fait majeure et indépendante de leur volonté ; on doit ajouter à ces empêchemens la guerre qui survint entre la France et l'Angleterre, l'occupation du pays Illinois par les Anglais, les guerres indiennes, les hostilités recommencées entre la France et l'Angleterre en 1793, leur longue durée ; voilà autant de causes qui, en prolongeant la suspension de toutes communications entre la France et la haute Louisiane, expliquent et justifient les retards qui ont été très-nuisibles aux héritiers Renaut.

Nous considérons comme inutile d'essayer une sérieuse réfutation de la supposition gratuite de l'abandon volontaire, car comment pourrait-on présumer que les héritiers Renaut auraient volontairement abandonné des propriétés, pour l'acquisition desquelles leur auteur traversa l'Atlantique, supporta toutes sortes de fatigues et de privations qui ruinèrent sa santé, sa propriété lui étant garantie, ainsi qu'à ses héritiers, par des titres non contestés ?

Il est d'ailleurs à la connaissance du Gouvernement français, comme l'ont démontré les correspondances des ambassadeurs et des ministres du Roi, que ces héritiers sont les seuls, peut-être, des propriétaires fran-

çais qui aient pu représenter le *titre réel ;* la conservation de cet ancien titre français, trouvé à Kaskaskia, est probablement du à son enlèvement des archives de la province Illinoise, pendant son occupation
par les Anglais, qui le remirent aux autorités américaines lorsqu'elles
prirent possession de ce pays. Ce titre *incontestable* a été déposé depuis,
et est encore dans ce moment dans les archives du *Congrès américain*
C'est là où les plénipotentiaires français en ont relevé la copie, qu'ils
ont adressée tant au Gouvernement qu'aux héritiers :

L'examen des rapports et des décisions qui ont été cités développent
assez les principes qui ont caractérisé les droits des héritiers devant les
Gouvernemens français et américain. Ils ne peuvent manquer d'obtenir, d'abord, un dédommagement, qu'ils sollicitent de la justice et de
la magnanimité de l'autorité chargée de prononcer sur le droit à l'indemnité.

C'est le Gouvernement américain, et nous lui devons cet hommage
qui, le premier, a ouvert la porte à l'équitable réclamation des héritiers
Renaut, par la loi du 26 mars 1804. Par cette loi le Congrès, dans
un véritable esprit de justice et de libéralité, sans faire d'exception
ni réserves quelconques, pour les cas présumés de contravention aux
lois et notifications antérieures, autorisa toutes les personnes auxquelles
des concessions françaises et légales avaient été faites avant le Traité
de Paris, en 1763, de faire valoir leurs réclamations auprès des Greffiers
du bureau des terres du district, où les terres étaient situées ; par ces
actes, plein pouvoir était donné auxdits Greffiers et Receveurs des deniers
publics, de décider de la validité des réclamations, ainsi présentées selon la justice et l'équité.

Ces Greffiers, Commissaires et Receveurs, fournissent la preuve, par
ces actes, que les représentans de Renaut comparurent devant eux, et
leur exhibèrent leur réclamation. Le Comité des réclamations des
terres privées, corrobore ce dernier fait, voir son Rapport N° 5 ; à dater
de ce moment les héritiers Renaut furent complètement en mesure ; ils

étaient alors hors de toutes les conséquences des délais et des prescrip-
tions autorisés par le Gouvernement à profiter de l'acte du Congrès
sus-mentionné et s'étant conformés à ses dispositions.

La réclamation étant ainsi dégagée de toutes entraves et objections
contraires, son sort dépendait de son mérite intrinsèque.

Les Commissaires ayant toutes ces données devant eux, et agissant
au nom du Gouvernement, prirent d'abord connaissance de la concession du grand Marais à Saint-Philippe, qu'ils confirmèrent aux légitimes héritiers de Philippe Renaut, et transmirent leur décision au département de la Trésorerie, le 31 octobre 1809. (V. D¹, n° 4.)

Il a déjà été dit que les Commissaires étant autorisés par le secrétaire
de la Trésorerie de prendre une décision à l'égard de la concession de
Renaut à Pimiteau ou Peoria, confirmèrent la même aux légitimes héritiers de Philippe Renaut.

D'après cette décision il est évident que les Commissaires jugèrent
que la cause qui avait décidé la concession était parfaitement identique
avec celle de la concession du grand Marais; car, s'en rapportant à
cette dernière, ils comprirent les deux concessions dans leur décision et
rattachèrent à la dernière le contrat de vente faite par Renaut à Nicolas
Prévot (D¹. n° 3), comme offrant, disent-ils, selon les usages du pays,
la présomption raisonnable que des titres qui ont été régulièrement commencés, ont été légalement consommés sous le Gouvernement français,
et conclurent en disant : *aucune preuve de rétrocession d'abandon volon-*
taire, ni de déchéance n'ayant été produite, nous confirmons lesdites ré-
clamations aux légitimes représentans dudit Philippe Renaut. (N° D.
n° 5.)

La difficulté des communications avec les États-Unis, pendant les
deux ou trois dernières années du Gouvernement impérial, occasionna
un retard de plusieurs années. Les pouvoirs furent donnés au consul
français à Baltimore, lequel, de l'avis et sous les auspices du juge
Brackenridge, fit présenter les pièces au Congrès en 1816, et le 18 fé-

vrier 1817 le Comité de la réclamation des terres privées , composé d'hommes très-versés dans cette partie , fit un rapport sur la réclamation des héritiers Renaut, dans lequel il fut déclaré que l'opinion *unanime* des Membres du Comité est , que la réclamation doit être *confirmée* et qu'un bill doit être présenté à ce sujet (voir la copie de ce Rapport n° 6 , et le journal officiel d'Amérique). Dans le mois de décembre 1827, les pièces furent encore une fois soumises à la Chambre des Représentans, et par une proposition faite par M. *Archer de la Virginie*, renvoyées au Comité des terres privées. Le premier février suivant, M. *Bates du Missouri*, organe du comité, fit un Rapport favorable accompagné d'un projet de bill, proposant une indemnité en faveur des héritiers de Renaut, lequel projet fut *lu deux fois* et renvoyé au Comité de la Chambre entière, pour le jour suivant. Ce bill ne fut pas appelé pendant la première cession du vingtième Congrès et resta avec les autres affaires qui devaient être reprises à la session prochaine. (Pièce, N° 7.)

MOTIFS TIRÉS DES TRAITÉS ET DE LA LOI EN FAVEUR DES HÉRITIERS
RENAUT.

Les discussions du Traité ont éprouvé diverses variations ; pendant plusieurs années , on a présenté ce Traité avec des applications fixes et raisonnées, avec des nomenclatures numériques, relativement aux prises faites, aux pertes éprouvées par l'Amérique. Jamais la France, dans ce Traité ne semblait s'occuper des intérêts de ses nationaux ; cependant, il est à remarquer que par une inconcevable préoccupation, qu'il ne nous est pas permis d'expliquer, on a négligé , dans les intérêts de la France , l'étude et l'application des anciens Traités , des conventions qui ont eu lieu entre elle et l'Amérique ; ces Traités ménageaient les droits que nous venons réclamer aujourd'hui , entre autres ceux de 1778 , du 15 frimaire an X , ainsi que le Traité de la Louisiane de 1803 , qui avait pris un soin particulier de conserver les droits des propriétaires français.

2

La France, par l'organe de son Gouvernement ne laissera pas échapper, sans doute, l'occasion de protéger des intérêts qui n'auraient pas dû être oubliés dans le Traité de 1831. Elle saura expliquer le motif, dans la part immense qu'un Américain instruit a pu prendre, soit aux stipulations, soit à la rédaction de cet acte diplomatique; cet Américain s'est beaucoup occupé de faire bonne part à ses compatriotes : c'était très naturel; mais quand en face de ce Traité, vous voyez arriver vos propres nationaux réclamer des droits *aussi incontestables*, comme le disait avec tant de raison M. Jay, que ceux de la succession Renaut, l'autorité a toute latitude dans la distribution des fonds, sans toucher à l'économie des Traités; pourrait-elle être sourde à la voix des demandeurs !

Non, elle suivra cette impulsion toute française, qui la portera à réparer, autant que possible, des pertes et sacrifices que l'on aurait pu si facilement nous éviter.

Elle pèsera dans sa sagesse, que, sur le simple appel du Roi de France, notre auteur va former des établissemens et féconder des terrains tout à fait déserts, par suite d'une volonté solide et ingénieuse; elle jugera, si sous l'influence des rapports historiques, le gouvernement d'Amérique, tout en reconnaissant la propriété des héritiers Renaut, devait s'emparer des revenus et des effets mobiliers que les droits des nations rendaient à jamais imprescriptibles et sacrés.

Le comte de Tournon n'a-t-il pas laissé les plus fortes impressions dans tous les souvenirs? La veuve et les enfans de cet habile administrateur n'ont-ils pas acquis des droits à la bienveillance? n'en est-il pas de même de la position intéressante et des services rendus à la patrie, par le signataire du Mémoire et par tous les autres héritiers qui, pour la plupart, ont versé leur sang sur le champ de bataille, ou ont donné des gages de leur dévouement au Gouvernement.

Opinions et Discours de MM. les Membres des deux Chambres et des Rapporteurs, relativement à la succession RENAUT.

Les justes réclamations des héritiers Renaut ont déterminé sans doute, l'attention et l'intérêt des Membres des deux Chambres sur l'objet de leurs réclamations ; nous citerons les principaux passages consignés dans les Moniteurs ; M. Jay, l'un des Rapporteurs de la loi, s'exprimait ainsi, relativement à l'objet qui nous concerne :

« Puisqu'il s'agit de la Louisiane, je saisirai cette occasion de
« recommander à l'attention et à la justice du Gouvernement les
« réclamations des héritiers Renaut, d'un homme qui a rendu de
« grands services à la colonie de la Louisiane ; les héritiers ont des
« indemnités à réclamer pour les pertes qu'ils ont éprouvées, par suite
« de la mésintelligence qui a existé entre la France et les États-Unis,
« leurs titres sont incontestables ; ils ont à se plaindre du Gouverne-
« ment fédéral ; c'est un titre de plus à la bienveillance du Gouverne-
« ment français. »

C'est le Député chargé de faire le rapport de la loi, qui s'exprime ainsi ; sa voix aura, sans aucun doute, quelque retentissement au sein des autorités qui doivent apprécier nos droits ; mais il n'était pas le seul qui exprimât publiquement cette volonté et ces vœux ; ils sont partis de tous les points, de tous les bancs, et si jamais il a été bien prouvé qu'il n'y a pas d'esprit de parti en France, pour tout ce qui appartient à la justice et à l'équité, on peut s'en assurer par les Moniteurs des 11, 12, 15, 16 avril 1835 ; par les discours de MM. Berryer, de Salverte, Desabes et autres, qui, sans aucune provocation, ont embrassé la défense des héritiers Renaut. La Commission chargée par la Chambre des Députés de l'examen du Traité, a bien voulu appeler, à plusieurs de ses séances, le représentant direct de cette succession ; la Chambre des Pairs elle-même, a suivi cet exemple ; la Commission a été tellement édifiée des documens et des faits qu'il a présentés, que,

par suite, M. le Ministre des Relations extérieures fut invité à donner des explications sur la véritable interprétation du texte du Traité, et c'est précisément à l'occasion du Mémoire des héritiers Renaut, que M. de Barante dans son Rapport à la Chambre des Pairs a dit :

« On a demandé si le travail qui a été fait par la Commission de 1831
« devait faire loi, relativement à la liquidation des créanciers français
« qui se présenteront pour obtenir part dans les 1,500,000 francs que
« nous donne l'Amérique. On souhaitait qu'une déclaration à cet égard
« fut donnée dans la discussion; j'en ai parlé à M. le Ministre des Af-
« faires étrangères; il a bien voulu m'affirmer ce que j'avais moi-
« même pensé, c'est que les Américains ne sont pas tenus à prendre
« en considérations le travail que nous avons fait sur leurs créances;
« vous avez vu que nous les avons discutées, que nous avons admis
« la probabilité de quelques-unes, rejeté la probabilité de quelques
« autres : ce travail était uniquement destiné à s'assurer si le Traité
« nous était avantageux. Une fois les 25 millions donnés, ils ont cessé
« d'être à notre disposition; le Gouvernement Américain en a fait tout
« ce qu'il lui a convenu; il a admis les créances comme il a voulu;
« il ne s'est point arrêté à nos catégories, il a fait les siennes, et de là
« il est *résulté le montant de 92 millions*. Eh bien ! nous ne sommes
« pas plus gênés pour distribuer nos 1,500,000 francs que les Améri-
« cains pour distribuer leurs 25 millions; rien ne les a enchaînés dans
« l'emploi des 1,500,000 francs. Le Gouvernement, pour le règle-
« ment de ses créances, nommera une Commission de liquidation; il
« imposera des règles à cette Commission; chaque créancier fera va-
« loir ses droits, *sans qu'on leur puisse trouver, soit dans la loi, soit*
« *dans le Traité, aucune fin de non-recevoir à lui opposer*. Il serait
« donc peu exact de dire que les intérêts des créanciers français ont
« été négligés; la Commission de 1831 avait évalué les créances fran-
« çaises, résultant de la violation de la neutralité à 200,000 francs
« environ, et le Gouvernement a demandé et obtenu 1,500,000 fr.;
« il est vrai qu'il y a en outre une forte créance d'une autre espèce,

« une créance d'ancienne fourniture, créance dont la discussion a été
« réservée dans toutes les négociations; mais enfin, toujours est-il,
« qu'il reste une très grande marge pour les réclamations qui se pré-
« senteront avec des droits *positifs*, peut-être même avec des droits
« *équitables*; la Commission n'a donc pas pensé que les intérêts des
« créanciers français aient été abandonnés. »

Cette opinion, publiquement manifestée, n'est que le résultat de la
marche qui a été suivie dans les diverses discussions, et peut-être le
sort de la loi et l'adoption du Traité ont-ils dépendu de ces franches
déclarations qui ont laissé aux intérêts français, aussi bien prouvés,
aussi bien établis que ceux de la famille Renaut, cette certitude que les
droits mobiliers, résultant de confiscation des propriétés, de confiscation
de revenus, de coupes de bois, ou d'ustensiles, ou de revenus prove-
nant d'exploitation de mines, sont aussi sacrés que les droits incertains
des pavillons ou des marchandises séquestrées, ou des marchés de fusils
fournis à l'Amérique.

───────◆◆◆◆◇───────

TABLEAU DES PERTES ÉPROUVÉES SUR LES REVENUS ET EFFETS MOBILIERS

Pour bien se pénétrer des pertes sur les revenus et effets mobiliers,
il faut, d'abord, établir quel peut être le produit annuel de la propriété dont les Américains se sont emparés : ces évaluations sont garanties comme étant d'une grande exactitude; elles ont été consignées
dans des rapports officiels, et ce ne sera que sur le produit de l'indemnité de 1,500,000 fr. que les héritiers Renaut pourront demander la
compensation des pertes qu'ils ont éprouvées plus de vingt ans avant la
proposition du Traité, et à dater seulement de l'époque à laquelle ils ont
pu justifier du titre régulier devant le congrès des autorités américaines.

La valeur réelle des concessions faites à leur aïeul, sous la foi des
Traités, peut être évaluée à plus de *six millions*; ainsi, le revenu, pen-

dant douze années seulement, en y comprenant des coupes de bois, vendues ou données à titre de récompense aux militaires américains, ou le produit des mines de plomb entretenues à si grands frais, par leur auteur, pourrait être d'une estimation de *deux millions*, au moins ; mais comme les réclamans savent que l'indemnité doit être répartie entre plusieurs, et qu'ils ne demandent que leur part à cet acte de juste distribution, ils ont fait porter à 500,000 fr. leurs propres droits à l'indemnité.

Pour bien fixer l'attention de la Commission à ce sujet, ils doivent donner quelques détails résultant des rapports officiels, et qui ne pourront être démentis, ni par la France, ni par l'Amérique ; ces détails feront ressortir mieux encore la valeur et la justice des réclamations.

1°. La concession de *douze lieues carrées*, située environ à quarante milles à l'ouest de Sainte-Geneviève, est tout pays de mines de plomb. La quantité extraite de ces mines est immense, d'après un rapport officiel, en date du 15 août 1818, adressé par M. Hyde-de-Neuville à M. le Ministre des Relations extérieures (1). (Pièce, N° 8).

2°. L'autre concession de *six lieues carrées*, située à environ quarante-cinq milles au-dessus de Sainte-Geneviève, comprend le village de Saint-Michel : cette concession est, comme l'autre, très-riche en mines de plomb ; les seuls revenus de ces mines, dont les Américains ont profité, ont donné, de tout temps, aux Américains, six fois plus de capitaux que les héritiers n'en réclament sur le fond de l'indemnité laissé par l'Amérique à la France, et comme il est de l'intérêt des réclamans

---

(1) Cet extrait du Rapport officiel fait le 15 août 1818, par M. le chevalier Louis de Mun, à M. le comte Hyde-de-Neuville, alors Ministre de France aux États-Unis, est relaté à la fin de ce Mémoire ; il ne peut être d'ailleurs considéré que comme pièce probante et comme un point de comparaison des immenses produits d'extraction des mines de plomb pendant dix ou douze années, les droits des héritiers Renaut, prenant date bien avant cette époque, ainsi que depuis le grand nombre d'années qui se sont écoulées depuis 1818.

de préciser leur demande par des faits positifs, voici un relevé des plombs tirés, par année, sur trois des lots consignés dans l'acte de concession. Ce tableau paraîtra d'autant moins suspect, qu'il est extrait d'un bulletin de M. Brackenridge, qui fait, en quelque sorte, le bulletin officiel des mines de ce pays. (Voir N°. 9.)

D'après la description qu'il en donne, il certifie dans la citation des rapports des produits naturels et industriels que *trois cinquièmes* environ des plombs extraits dans toutes les mines de la Louisiane, pour chaque année, proviennent des concessions Renaut, et c'est ainsi qu'il présente son tableau, dont nous garantissons l'authenticité.

La mine à Burton supposée.	»
Brécé par M. Renaut.	50,000 livres pesant.
La nouvelle fouille.	200,000
Les fouilles de Perry.	60,000
Fouilles d'Eltiot.	100,000
Mines de Belle-Fontaine.	300,000
Fouille de Brixon.	600,000
Fouilles de Richerood.	75,000
Fourche Boustray.	10,000
Mines à Robines.	30,000
Mine à Lamothe.	100,000
	1,525,000

Il résulte de ce tableau, qui fait autorité dans toute l'Amérique, que les mines produisent, annuellement, *un million cinq cent vingt-cinq mille* livres pesant de plomb, dont les *trois cinquièmes* appartiennent à M. Renaut. Sa part annuelle étant de *neuf cent quinze mille livres pesant*, estimant au plus bas prix la valeur à 25 centimes la livre, le revenu saisi serait de *deux cent vingt-huit mille sept cent cinquante francs;* en ne comptant que pendant les *douze années*, seulement, dont les Américains en ont eu la jouissance, il en résulte une somme de *deux millions sept cent quarante-cinq mille francs*, au profit des réclamans.

La juste application de la loi ne laisse aucun doute sur l'interprétation du Traité qui en est le complément, pour faire mieux ressortir que
l'indemnité ne s'applique pas seulement au commerce, aux marchandises,
au pavillon, le législateur a pris le soin d'ajouter ou *autres propriétés*.
Dans cette dernière expression se trouvent nécessairement compris le
produit des usines, les extractions de fer et de plomb, qui sont, et qui
ont toujours été considérés comme objets mobiliers et marchandises ;
il serait difficile que pour priver quelques familles françaises de leurs
droits, on voulût n'appliquer les effets d'un Traité de nation à nation,
d'un Traité qui consacre dans son *texte principal, que les Gouvernemens
Français et Américain veulent se libérer de toutes les réclamations des
citoyens des deux nations ;* que ce Traité solennel, définitif qui porte
avec lui une autorité si souveraine, si prépondérante, pour le présent
et pour l'avenir, n'ait voulu comprendre que les négocians, et exclure
toutes les autres classes, tous les autres droits : ce principe même, ju-
daïquement entendu n'est pas admissible ; il serait contraire aux
Traités précédens, dont nous avons déjà fait connaître la volonté bien
formelle. Il serait contraire au droit politique, parce qu'il porterait
préjudice aux intérêts d'une portion des peuples ; il serait contraire au
droit des gens, parce que la France et l'Amérique, faisant entre elles
une espèce de forfait, relativement aux pertes éprouvées de part et
d'autre, n'a pas voulu que les avantages n'appartinssent qu'à un certain nombre d'individus privilégiés. Il suffirait d'ailleurs d'un simple
examen des obligations contractées par les États de l'Union envers la
France, d'après le Traité de 1803, pour éloigner toute pensée de se
former cette idée : que sous la tutelle et la protection du même Gouvernement, on compenserait les pertes mobiliaires des uns, en refusant
la même justice aux autres.

Vous ne demanderez pas compte aux Américains de l'emploi de nos
vingt-cinq millions ; ils ne vous demanderont pas non plus un compte
de la distribution des 1,500 mille francs qu'ils ont laissés sur le capital
énorme qui leur est destiné.

On nous dira, peut-être, que l'article 4 du Traité a laissé le droit aux Français et aux Américains de se pourvoir devant les gouvernemens respectifs, relativement aux réclamations qui sont d'une autre nature. Ici, il est bien entendu qu'il s'agit du fond de la propriété.

Voilà l'occasion de remarquer ce que peu de personnes auront observé, c'est l'habile prévoyance de l'Américain qui a rédigé le Traité ; il n'a pas voulu choisir pour la France cette heureuse circonstance de l'indemniser des pertes ou dévastations d'immeubles qui auraient établi une compensation qui devenait naturelle et à-peu-près équivalente entre les deux nations sur les 25 millions. M. Rives, qui savait qu'il n'y avait aucun Américain *qui eût des droits de cette nature en France, a proposé une réciprocité qui ne peut avoir son effet*, puisqu'elle n'a pas de cause ; et alors quel serait notre gage, notre garantie pour les objets mobiliers, pour les revenus et les dévastations d'ustensiles de mines de plomb, pour les coupes de bois immenses distribuées, il y a plus de dix ans, en récompense, aux militaires américains qui s'étaient le plus distingués dans les dernières guerres ? Si le Gouvernement français ne nous faisait pas participer à une portion de l'indemnité, en disant : *Vous rentrerez dans vos propriétés.* Oui, nous le pensons, et il y a trop de dignité en France, pour que l'on ne demande pas une réparation prompte et complète à cet égard ; mais nos revenus, nos objets mobiliers, en en donnant la nomenclature, en ne demandant que le cinquième au plus des pertes éprouvées sur ces divers objets, en le prouvant d'après les états fournis par les Américains eux-mêmes, on ne nous objectera pas qu'il n'est question que du pavillon, que des bâtimens de guerre ; que la première Commission a examiné le projet de Traité, sans donner aucun avis, sans appeler les Français qui avaient déjà déposé leur réclamation, à venir jusifier de leur titre ; cette Commission qui a agi à huis clos n'a pu prendre connaissance des pertes mobilières et vous en êtes convaincus, puisque cette Commission n'avait reconnu que quatre créances dénommées dans son Rapport ; vous ne suivez pas ses erremens, *vous ne vous croyez pas liés par le pre-*

mier travail incomplet, vous y ajoutez, vous le changez presqu'en entier; « ainsi vous ne prendrez pas texte de ce que tout en nous considérant comme propriétaires réels des vastes concessions de Renaut, on eût omis de voir que chaque propriété a son revenu, que la propriété de mines de plomb a donné un produit compris dans les confiscations et marchandises spécifiées dans l'article 3.

Non, nous ne succomberons pas sous le poids d'un faux principe qui, s'il était mis en avant pour répondre à des demandes fondées, *étonnerait les Américains eux-mêmes*, nous osons le dire avec quelque confiance, d'après le caractère de cette noble nationalité, que nous avons remarqué dans leurs actes ?

M. le comte Hyde-de-Neuville, avait-il quelque intérêt autre que celui d'un compatriote pour ouvrir son cœur, tout français, à des demandes, à des droits qui lui ont paru sacrés.

Ce diplomate connaît, par étude et par expérience, le droit des gens ; il l'a pratiqué dans ses diverses missions, dans l'intérêt de notre pays ; nous aurions pu n'invoquer que ses attestations et ses lettres pour prouver assez devant des juges impartiaux.

Quand au droit civil, il a été trop bien établi par les premiers jurisconsultes de Paris, dans cette cause, pour que nous n'évitions pas de faire des répétitions.

Il entre d'ailleurs, maintenant, dans le Code de toutes les nations civilisées, que quiconque cause un dommage, en doit la réparation, et notre Code Civil porte, que la compensation doit s'opérer de plein droit lorsqu'il existe des dettes réciproques.

Afin de prévoir toute objection dans une discussion de cette importance, nous *attestons la véracité des titres et des documens*, et nous *offrons d'en présenter l'original au besoin*, ou la preuve qu'ils sont littéralement traduits sur les minutes déposées au Congrès, ou qu'ils existent dans les Bulletins officiels des Lois américaines, que la légation offre de nous communiquer.

CONCLUSIONS.

Si, comme nous avons le droit de le penser, la cause et l'origine de l'entrée en possession de Philippe RENAUT sont bien démontrées, si l'emploi des dépenses immenses qu'il a faites, avant d'obtenir ses concessions, a répandu des moyens d'existence et d'industrie à la plus belle partie de la Louisiane, si tous les actes et les faits qui se rattachent à la propriété ne peuvent laisser aucun doute sur la régularité des Titres, s'il est bien prouvé que l'interruption des démarches des héritiers n'a été causée que par l'effet de trois ou quatre guerres successives et qu'ils n'ont laissé échapper aucune occasion possible de revendiquer leurs droits, sous la protection du Gouvernement français, comme le prouve, d'ailleurs, la correspondance de plusieurs Ministres et Ambassadeurs, on sera étonné que ce soit précisément au moment où le Gouvernement américain réclamait le droit des héritiers, et lorsqu'il régnait un parfait accord entre la France et l'Amérique, que les États de l'Union aient violé les Traités sous le prétexte du retard du paiement des *vingt-cinq millions*, et qu'ils aient disposé, à leur profit, de la plus grande partie du produit de la succession des héritiers de Philippe RENAUT, particulièrement en faisant des distributions de bois, pour plus de *quinze cents mille francs*, à des militaires auxquels le Gouvernement des États-Unis voulait décerner des récompenses.

Nous avons lieu de croire qu'il est également bien constaté qu'aucun des Titres, qu'aucun des motifs qui feront participer à l'indemnité d'autres réclamans, ne peuvent être plus clairs, plus déterminans, plus conformes *aux droits*, *à l'équité*, que ceux présentés par les héritiers Renaut.

Il serait à désirer qu'ils fussent entendus, pour donner les explications qui paraîtraient nécessaires et répondre à toutes objections qui
pourraient leur être faites à ce sujet, attendu que la loi et l'ordonnance,
en confiant au nom du pays une mission aussi importante à des juges,
qui doivent prononcer en première instance, n'a pas interdit aux parties les usages du droit commun, et surtout *celui d'être entendu en per-
sonne, et de prendre connaissance de leur dossier, afin qu'ils ne soient
pas jugés par défaut*, quand il est du plus grand intérêt pour eux d'è-
clairer la justice et de provoquer le recours aux diverses Légations
américaines, comme l'a fort bien prévu l'article 6 de la loi et de
l'ordonnance royale.

Il est essentiel pour la famille RENAUT de bien prouver qu'il n'est
pas un Américain, parmi ceux qui ont appartenu, ou qui appartiennent
aux contrées de la Louisiane, qui ne porte dans sa mémoire le nom
et les services immenses rendus à leur pays par RENAUT ; qu'ainsi, la
distribution de l'indemnité donnée à la famille ne peut que remplir les
vœux et l'attente des deux nations.

D'après ces motifs et ceux qu'ils ont fait valoir dans leurs précédens
Mémoires, les héritiers *concluent à ce qu'il plaise* aux autorités ap-
pelées à prononcer, de vouloir bien ordonner qu'il leur sera accordé
une somme de *cinq cents mille francs*, sur le produit des quinze cents
mille francs, mis à la disposition du Gouvernement français.

Qu'en outre, et d'après leur opposition, il sera fait réserve et re-
tenue de la dernière somme de quatre millions cent soixante-six mille
six cents soixante-six francs soixante-dix centimes, sauf le prélève-
ment des 250,000 francs pour les créances françaises, existant dans
la caisse du Gouvernement français, appartenant aux États de l'Union,
et qui devrait, d'après l'ordonnance royale du 7 janvier 1837, leur
être délivré le 2 février 1838, à moins que le Gouvernement français,
qui est le Tuteur légal de ses nationaux, ne préfère obtenir des États-
Unis, par le moyen d'une négociation *officielle*, déjà entammée, la

rentrée des héritiers RENAUT dans l'intégralité de leurs propriétés. C'est ainsi que le droit civil, le droit politique, et les divers Traités, retrouveront leur juste et véritable application.

Au nom de tous les cohéritiers et ayans-droit,

ROUTHIER,

Avocat, Professeur de droit administratif pratique, chevalier de la Légion-d'Honneur.

PIÈCES

A L'APPUI DE LA RÉCLAMATION

DES HÉRITIERS RENAUT.

TRAITÉ D'AMÉRIQUE.

N°. 1.

Extrait de Lettres-Patentes en forme d'Édit, portant établissement d'une Compagnie de commerce d'Occident, données au mois d'août 1817, enregistrées au Parlement.

ART. 5.

Pour donner moyen à ladite Compagnie d'Occident de faire un Établissement, et la mettre en état d'exécuter toutes les entreprises qu'elle pourra former, nous lui avons *octroyé* et *octroyons* et *concédons*, par ces Présentes, *à perpétuité*, toutes les Terres, Côtes, Ports, Havres et Îles qui composent notre province de la Louisiane, ainsi et dans la même étendue que nous l'avions accordée au sieur Crozat, par nos Lettres-Patentes, du 14 septembre 1712, pour en jouir en toute propriété, seigneurie et justice, ne nous réservant autres droits ni devoirs, que la seule foi et hommage-lige, que ladite Compagnie sera tenue de nous rendre, à nos Successeurs-Rois, à chaque mutation de Roi, avec une couronne d'or du poids de trente marc.

ART. 7.

La propriété des mines et minières que ladite Compagnie fera ouvrir pendant le temps de son privilège lui appartiendra incommutablement, sans être tenue de nous payer, pendant ledit temps, pour raison desdites mines et minières, aucun droit de souveraineté, desquels nous lui avons fait et lui faisons don, par ces Présentes.

Art. 8.

Pourra, ladite Compagnie, vendre et aliéner les Terres de sa concession, à tels cens et rentes qu'elle jugera à propos, même les accorder (en franc alleu) sans justice ni seigneurerie, n'entendant, néanmoins, qu'elle puisse *déposséder ceux de nos sujets qui sont déjà établis dans le pays des concessions,* des Terres qui leur ont été concédées, ou de celles, que sans concessions, ils auront commencés à mettre en valeur.

Voulons que ceux d'entre eux qui n'ont point de Brevet, de Lettres de nous, soient tenus de prendre des concessions de la Compagnie, pour s'assurer de la propriété des Terres dont ils jouissent, lesquelles concessions leur seront données gratuitement.

Art. 13.

Pourra, ladite Compagnie, établir des juges et officiers partout où besoin sera.

Donné à Paris, au mois d'août, l'an de grâce 1717, et de notre règne, le 2e.

Signé, Louis.

Enregistré, etc., etc.

N°. 2.

TRADUCTION *de la Concession originale faite à* Philippe RENAUT, *léga-lisée à Kaskaskia, le 6 janvier 1810.*

Le 14 juin 1723, il est concédé à Philippe RENAUT, pour faire ses établissemens dans les mines, *une étendue de terres* situées à Pimitoni, sur la rivière Illinoise, regardant l'Est et bornée par le lac qui porte le même nom que le village, et de l'autre côté, sur les rives opposées au village, une *demie lieue* au-dessus ; *une lieue* de front, sur *cinq lieues* de profondeur ; le point de circuit en suivant le cours de la rivière Illinoise, et remontant la rivière Arconay (Kickapoo), qui fait le centre à travers le reste de la profondeur.

Une étendue de terre d'*une lieue* de front, sur le Mississipi, et *deux lieues* de profondeur à l'endroit nommé *Grand-Marais*, bornée d'un côté par les établissemens des Indiens-Illinois, près le fort Chartres.

Ledit sol lui étant concédé pour tirer des provisions et soutenir les établissemens qu'il pourrait faire dans les mines.

Au fort Chartres, les jour et an susdits.

Signé, DE BOIS-BRIANT, DES-URSINS.

Authenticité de l'Acte ci-dessus. — S. Wm ARUNDEL, *greffier* du pays de Randolph, territoire Illinois, *certifie* que la page ci-dessus est *une copie véritable de l'original* qui est dans mon bureau. En foi de quoi j'ai signé la présente déclaration, et apposé le sceau du bureau des autorités dudit pays.

A Kaskaskia, le 6 janvier, l'an de notre Seigneur 1810, et de l'indépendance des États-Unis la 34e.

Signé, William ARUNDEL.

N°. 3.

Philippe RENAUT, directeur des mines de la province Illinoise, demeurant au fort Chartres, paroisse Sainte-Anne, cède et vend, avec garantie, à M. Nicolas Prévot, Alias Blondin, habitant de Saint-Philippe du Grand-Marais, présent au fort Chartres, en sadite paroisse Sainte-Anne, à ses héritiers et ayant-droit, une pièce de terre de trois arpens d'étendue, située audit Saint-Philippe, bornée au devant par le Mississipi, et derrière par les montagnes; joignant d'un côté les Domaines, et de l'autre, les héritiers de feu Germain Bouillé, consistant en bois, prés et terres labourables. Ladite pièce de Terre appartenant au vendeur, en vertu de la concession à lui faite, selon la lettre de M. de Brinvile, gouverneur-général de la Louisiane et de ses dépendances, et chef de la Compagnie et seigneur de ladite concession de Saint-Philippe; ladite Terre faisant partie du domaine de Township. Ladite vente est faite aux conditions de supporter les droits seigneuriaux, et moyennant la somme de *cinq cents livres*, que ledit RENAUT reconnaît avoir reçue avant de signer le susdit contrat de vente.

Le vendeur promet de remettre, aussitôt que possible, audit acheteur, une copie de la lettre ci-dessus mentionnée, signée et exécutée par les parties, en la chambre dudit RENAUT, dans l'après-midi du 2 septembre 1740, en présence de Roel Pignet et Jean-Baptiste Leonle.

Approuvé devant BAROIS, *notaire*.

Légalisation de l'Acte ci-dessus.

Kaskaskia, le 24 février 1824.

Le soussigné certifie que le document ci-dessus est une copie véritable de la traduction inscrite sur le Registre de mon bureau, Livre des traductions, pages 44 et 45.

Signé, Michael JONES, *greffier.*

No A.

RAPPORT *relatif à la concession de Philippe* RENAUT, *comprenant le village et le territoire de Saint-Philippe.*

Le 14 juin 1723, une concession fut faite à Philippe RENAUT, en fief absolu, afin de le mettre à même de soutenir ses établissemens dans les mines de la Haute-Louisiane, par Bois-Briant, et Des-Ursins; le premier se qualifiant de lieutenant du Roi, gouverneur de la province de la Louisiane; et le second, de principal secrétaire de la Compagnie royale Indienne, d'une étendue de terres, au lieudit le Grand-Marais, bornées au sud par les terres des Indiens-Illinois, établis près le fort Chartres; *d'une lieue de front,* sur le Mississipi, et s'étendant *deux lieues* derrière dans le pays. Toute cette partie de la susdite concession étant entre le Mississipi et les montagnes qui en sont éloignées d'une demi-lieue environ, a été rétrocédée en petites portions, par RENAUT, à plusieurs particuliers, ainsi qu'on le verra en jetant les yeux sur la marge du plan ci-annexé.

Les titres notariés de ces concessions partielles ont été regardés comme bons et valables par les Gouvernemens anglais et français.

Le village de Saint-Philippe, ayant été long-temps abandonné, plusieurs de ces portions, à ce que nous supposons, n'ont pas été enregistrées; à qui appartiennent-elles? c'est ce que nous ne pouvons savoir.

L'état ci-annexé contient toutes les réclamations enregistrées, comme étant situées dans la concession de RENAUT, qui s'étendait du Mississipi aux montagnes seulement; et on verra que ces portions se montant à cent-onze arpens, excèdent de vingt-quatre arpens et demi, en largeur, la concession de RENAUT, dont la largeur n'était que de quatre-vingt-six arpens et demi, d'après le plan ci-dessus mentionné.

Dans sa première session, le Comité procéda par la confirmation ou
le rejet des différentes réclamations désignées dans le plan; mais après
un nouvel examen, nous avons reconnu que nous eussions pu com-
mettre une injustice envers différens particuliers, en reconnaissant la
concession RENAUT, aussi étendue qu'elle est sur ledit plan (des
montagnes au Mississipi) comme bonnes et valables; c'est pourquoi
le Comité *confirme* ladite étendue aux légitimes représentans dudit
RENAUT, laissant aux autres réclamans à vider entre eux, et devant
un tribunal particulier, de leurs réclamations; déclarant les différentes affirmations ou rejets faits et enregistrés par ce Comité, comme
nuls et *non avenus*, et recommandons l'adoption d'une loi à ce sujet.
Déclarons aussi valides, toutes les confirmations faites et approuvées
par le Gouvernement de ces contrées.

Bureau des Commissaires; Kaskaskia, le 31 décembre 1809.

Signé, Michael JONES, E. BACKERS.

N°. 5.

DÉCISION *du Commissaire du district de Kaskaskia.*

Bureau du Commissaire; Kaskaskia, le 31 décembre 1810.

Décision du Comité des commissaires du district de Kaskaskia, au
sujet de la concession faite à Philippe Renaut d'une étendue de terres
d'une lieue de front et de cinq lieues de profondeur à Peoria, sur la
rivière Illinoise, et d'une autre étendue d'une lieue de front et de cinq
lieues de profondeur, au lieu dit le Grand-Marais, comprenant les établissemens de Philippe Renaut sur le Mississipi (déjà confirmée par ce
Comité aux légitimes représentans de Philippe Renaut, et approuvée
par le Congrès), au très-long Rapport fait l'année dernière, à ce sujet,

par les commissaires, qui ne pensent pas devoir rien ajouter de plus, si ce n'est le document ci-joint; qu'ils désirent voir faire partie de ce Rapport, comme offrant la présomption, que des titres qui ont été régulièrement commencés selon les usages du pays, doivent avoir été légalement régularisés sous le Gouvernement français.

Aucune preuve de rétrocession, d'abandon volontaire, ni de déchéance par droit d'aubaine n'ayant été produite, lesdits commissaires confirment ladite concession aux légitimes représentans de Philippe Renaut.

Signé, Michael Jones *et* E. BACKERS.

⸺⸻⸺

No. 6.

RAPPORT *du Comité pour la réclamation des Terres privées sur la Pétition des héritiers de* Philippe RENAUT, *accompagné d'un projet de Bill, en dédommagement, et dont le Rapport fut fait le 18 février* 1817.

Le Comité fait savoir que, dans l'année 1717, le roi de France concéda à la Compagnie occidentale tout le pays baigné par le Mississipi, sous le nom de Louisiane; que dans l'année 1723, l'agent de la Compagnie et l'officier de la Couronne concédèrent en fief absolu, audit Philippe Renaut, une étendue de terre au village de Pimitoni, d'une lieue de front, faisant face à l'Est, et bornée par le lac portant le même nom que le village; et de l'autre côté, sur les rives opposées au village, une demie lieue au-dessus, sur cinq lieues de profondeur; le point de circuit en suivant le cours de la rivière Illinoise d'un côté, et remontant la rivière d'Arcouny, qui forme le milieu à travers le reste de la profondeur.

Le Comité est convaincu que la concession de Renaut est *authentique*, et qu'elle a été faite par les autorités compétentes.

En 1734, la Compagnie occidentale fit faillite, et l'année suivante, le pays fut réuni à la couronne de France; mais, sans préjudice aux concessions faites par la Compagnie; une autre étendue de terre fut concédée à Renaut en 1723, il en disposa environ vingt ans après.

En 1763, la partie de la Louisiane, à l'Est et au Nord du Mississipi, fut cédée à la Grande-Bretagne, et par le traité de 1783, elle fut acquise aux États-Unis.

Par acte du Congrès, en date du 26 mars 1804, toutes les personnes qui avaient des réclamations à faire, en vertu de concessions faites par le Gouvernement français, antérieurement au Traité de Paris du 10 février 1763, furent autorisées à présenter leurs réclamations aux greffiers des districts où les terres réclamées sont situées, par ledit acte, plein pouvoir fut donné auxdits greffiers et receveurs des deniers publics, de prononcer avec justice et équité sur toutes les réclamations qui leur seraient présentées. Les héritiers Renaut s'étant conformés aux dispositions de cette loi, un rapport spécial de ces autorités fut fait, le 24 février 1810, au sujet de leur demande; mais sans conclusions. M. Gallatin, alors secrétaire au département de la Trésorerie, leur adressa une lettre par laquelle il leur enjoignait de prendre une décision. Dans leur réponse, ils exprimèrent des doutes sur leurs pouvoirs; mais, ajoutèrent-ils, si nous avons des pouvoirs suffisans, nous déclarons *que notre opinion est en faveur de la réclamation.* Leur lettre n'a pu être retrouvée; mais son existence est affirmée par le témoignage de l'honorable *Sremiel Marow,* et par celui de *Samuel M. Kee,* tous deux autrefois membres du Comité, pour la réclamation des Terres publiques. En conséquence, l'opinion *unanime* du Comité est que la concession doit être confirmée aux légitimes représentans de Philippe Renaut, et qu'un Bill doit être proposé à cet effet.

Le Comité qui fit ce Rapport, était composé du colonel *Sharp-Chairman,* et de MM. *Hugers, Telfair, Atherton* et *Clark,* membres du Congrès.

RAPPORT du Comité des Terres privées chargé d'examiner les Titres des héritiers RENAUT, en date du 1ᵉʳ février 1828.

Le 1ᵉʳ février 1828, M. Bates, du Missouri, membre du Comité des terres privées, et auquel la pétition des héritiers RENAUT avait été renvoyée, fit le Rapport suivant.

Le Comité de la réclamation des Terres particulières, auquel fut renvoyé la pétition des héritiers de Philippe RENAUT, au sujet de la concession d'une étendue de terres d'une lieue de front sur cinq lieues de profondeur, sur le lac Pimitoui, dans l'État Illinois, déclare que cette réclamation avait déjà été renvoyée au même Comité en 1817, qui en fit un rapport favorable le 18 février de la même année, accompagné d'un projet de Bill, en dédommagement.

Le Comité croit devoir en référer à la Chambre, en raison de l'étendue de la Terre en question, et aux observations à faire sur le pays où elle est située.

La concession de RENAUT, en vertu de laquelle ses héritiers réclament aujourd'hui, porte la date de 1723 ; à cette époque, la géographie des pays Illinois n'était que très-imparfaitement connue ; ses lacs, ses rivières étaient, alors, désignés par les mêmes noms qu'ils portent encore aujourd'hui.

L'obscurité des termes de la concession elle-même fut cause que le Comité eut premièrement beaucoup de peine à assigner une localité à la réclamation ; et ce n'est qu'après un examen plus attentif de la dernière histoire de la Louisiane, et avoir consulté les écrits et les cartes des premiers explorateurs des pays Illinois, que le Comité s'est assuré que la concession est située sur le côté occidental du lac Pimitoui, qui n'est que l'élargissement de la rivière Illinoise, et qui embrasse la vue du vieux fort et du village de Peoria.

Le rapport fait en 1817, et ci-dessus mentionné, fait connaître la majeure partie des faits sur lesquels les héritiers RENAUT établissent leur réclamation ; c'est pourquoi le Comité se bornera à citer un fait qui, dans son opinion, a décidé la question.

C'est la ratification faite par le Congrès de la concession du Grand-Marais, faisant partie de celle réclamée aujourd'hui, ainsi que la reconnaissance des Titres au cessionnaire de Renaut, par les Commissaires des États-Unis à Kaskaskia, et l'envoi de Lettres-Patentes qui a lieu, en ce moment, portant confirmation de toutes les ventes faites par Renaut, de ladite concession du Grand-Marais.

Cependant, le Comité n'a pas pu prendre une résolution définitive au sujet de cette réclamation, vu le doute qui existe dans l'esprit de quelques-uns de ses membres ; néanmoins, son opinion est, que la réclamation *est en justice bien fondée*, la concession ayant été faite conformément aux lois en usage dans la Colonie, à l'époque de sa rédaction ; qu'elle doit être *approuvée*, et que c'est à cette fin qu'il fait la proposition *d'un Bill de confirmation.*

BILL DE CONFIRMATION, *lu le 1ᵉʳ février 1828.*

Bill pour le dédommagement des héritiers de Philippe *Renaut*, lu pour la deuxième fois, le 1ᵉʳ février 1828, et renvoyé au Comité de la Chambre entière pour le jour suivant.

M. Bates, député du Missouri, membre du Comité pour les Terres réclamées, auquel fut renvoyée la pétition des héritiers Renaut, fit le rapport du *Bill* suivant, pour être converti en loi par le Sénat et la Chambre des Représentans des États-Unis, assemblés en Congrès.

Que l'étendue des terres concédées par la Compagnie Occidentale, le 14 juin 1723, est décrite dans ladite concession de la manière suivante :

Une lieue de front à Pimitoni, sur la rivière Illinoise, faisant face à l'Est, et aboutissant au lac qui porte le même nom que le village ; et de

l'antre côté, sur les rives opposées au village , une *demi-lieue* au-
dessus , et *cinq lieues* de profondeur ; le point de circuit , en suivant le
cours de la rivière Illinoise , jusqu'en bas d'un côté ; et remontant la
rivière Arcony, qui forme le milieu à travers le reste de la profondeur,
située dans l'État Illinois , sur la rive occidentale du lac , nommé maintenant Peopia ; pour la même concession , *être confirmée* , par ces Présentes , aux héritiers ou autres légitimes représentans de Philippe
Rénaut ; toutefois , sans préjudices aux droits de ceux auxquels le
Gouvernement des États-Unis aurait vendu ou concédé des portions de
terre comprises dans ladite étendue ; et spécifie que cette confirmation
ne sera considérée que comme l'abandon des droits que les États-Unis
ont présentement sur lesdites terres.

- SECTION 2me. Et de plus , être ordonné , que l'Intendant des Terres
publiques dans les États Illinois , du Missouri , et dans le territoire
d'Arkansas , fera mesurer , très-exactement , ladite étendue de Terres ,
et enverra le plan au commissaire du Bureau général des Terres , sur
lequel seront désignées les limites de ladite étendue , ainsi confirmée ;
et , d'après ce , *il sera délivré une Patente aux héritiers* ou autres représentans légitimes de Philippe *Rénaut* , pour toutes les parties de
ladite étendue , qui n'auraient pas été concédées , par les États-Unis , à
d'autres personnes, et s'il paraissait démontré, par le plan , que quelques
parties de ladite étendue ont été concédées à d'autres personnes par les
États-Unis , les héritiers ou légitimes représentans de Philippe Rénaut ,
seront autorisés de *prendre la même étendue dans les Terres publiques
dont la vente a été autorisée par la loi*.

N°. 8.

EXTRAIT du *Rapport de M. le chevalier* LOUIS DE MUN *à M. le comte*
HYDE-DE-NEUVILLE.

Washington, le 15 août 1818.

La concession de douze lieues carrées située à environ quarante milles
à l'Ouest de Sainte-Geneviève est tout pays de mines de plomb, très-
bien arrosé, et coupé même par plusieurs rivières navigables ; les
terres y sont généralement très-bonnes pour la culture, ce qui n'est
pas ordinaire dans les pays de mines.

La quantité de plomb tiré de ces mines, depuis dix ou douze ans,
est immense. Une très-grande partie de cette concession est occupée
sous des titres espagnols, aussi bien que les villages de la Mine à Bre-
ton, de la Vieille-Mine et la nouvelle ville de Potori, dont les lots ont
été confirmés par le Congrès des États-Unis ; ce qui reste de terre
vacante et réclamée seulement par les États-Unis, est immense en
étendue, et très-riche en plomb.

L'autre concession de cinq lieues carrées, située à environ quarante-
cinq milles au S.-O. de Sainte-Geneviève, est presque toute occupée
sous des titres espagnols, et comprend le village de Saint-Michel, dont
les lots ont été confirmés aux habitans, par les États-Unis d'Amérique.
Cette concession est comme l'autre, très-riche en mines de plomb, et
même de fer; mais il y a, en proportion, beaucoup moins de terres
vacantes, parce que le pays étant très-beau et les terres très-riches,
la population s'y est portée de bonne heure, etc.

N°. 9.

TRADUCTION de l'ouvrage de M. Brackenridge.

Quelques Ouvrages et Mémoires sur la Louisiane, entre autres ceux de M. Gallatin, faisaient remarquer le retard des héritiers Renaut à solliciter la jouissance et la possession des propriétés que leur aïeul avaient laissées.

Les causes du retard n'appartiennent pas du tout aux ayant-droit, et pour repousser victorieusement toute objection à cet égard, les héritiers ont présenté à la Commission le seul ouvrage que les Américains considèrent, en quelque sorte, comme *officiel*, c'est celui du célèbre auteur *Brackenridge*, qui réfute les objections, dans ce sens, qu'il établit que les héritiers ne pouvaient s'être enfoncés dans le pays des Illinois, pour prendre connaissance de ces Titres, puisque le Congrès lui-même, et les autorités de Washington, ont ignoré leur existence, pendant l'intervalle qui s'est écoulé entre la mort de Philippe Renaut, et la demande de mise en possession.

Traduction littérale tirée de l'ouvrage de M. Brackenridge, sur l'histoire d'Amérique et sur les mines de la Louisiane (liv. II, chap. 8).

La concession du Roi à la Compagnie des Indes Occidentales, était plus étendue que celle de Crozat. Une condition fut attachée aux concessions faites plus tard aux individus, particulièrement pour les mines, mais les premiers concessionnaires, par leurs Lettres-Patentes, article 8, furent autorisés à faire des aliénations sans conditions.

M. Gallatin se trompe, quand en parlant de ces concessions, il observe que, toutes les mines qui avaient, pendant un certain nombre d'années, cessé d'être travaillées, retournaient au Roi. C'était le cas, pour la concession de Crozat; mais les concessions de *Renaut* furent faites par la Compagnie du Mississipi, ou Compagnie des Indes.

Il est digne de remarque, que ces concessions étendues *furent les seules accordées en franc alleu, par la France à un individu, pendant le temps qu'elle posséda la Louisiane.*

Les grandes concessions qui embarrassent maintenant le plus notre Gouvernement ont été faites uniformément par l'Espagne ou par la Grande-Bretagne.

Les héritiers de Renaut ignorèrent long-temps la concession qui existait dans les archives des Illinois; la cession aux États-Unis les éclaira.

M. Brackenridge ajoute, qu'il a eu occasion d'examiner ces concessions parmi un grand nombre d'autres, et *il les considère comme les plus justes, les plus sincères et les plus authentiques qu'il ait jamais rencontrées.*

Dans un autre passage, à propos des mines, et de l'époque première à laquelle on doit dater leur exploitation, M. Brackenridge parle en ces termes :

« Ces mines sont connues depuis près d'un siècle, car il paraît que
» leur découverte aurait eu lieu dès l'époque où le pays fut exploré
» pour la première fois, le minerai se montrant partout, au niveau
» de terre ou dans les flancs des ravins. Les premières fouilles furent
» exécutées par un nommé *Renaut*, sur une grande échelle, et celles
» actuellement travaillées, ne sont qu'une suite et une imitation de ce
» qu'il a établi. La fameuse Compagnie du Mississipi ne s'établit,
» probablement, que dans la persuasion que cette contrée renfermait
» des mines de métaux plus précieux, et elle en ordonna une recherche
» minutieuse, sous la direction de *Renaut*, dont l'expédition était
» composée de cinq cents hommes. Néanmoins, le résultat de cette
» entreprise ne répondit point à l'attente de la Compagnie, et *Renaut*
» pensa, avec raison, que l'exploitation des riches mines de plomb

« qu'il avait découvertes le dédommagerait des peines et travaux in-
« finis que lui avaient coûtés les recherches de celles d'or et d'argent. »

M. Brackenridge, dans sa description des produits naturels et industriels de la Haute-Louisiane, récapitule ainsi qu'il suit :

La mine à Burton supposée. . . . .   ,
Brice par M. Renaut. . . . .   50,000 livres pesant.
La nouvelle fouille.   200,000
Les fouilles de Perry.   60,000
Fouilles d'Elliot. 100,000
Mines de Belle-Fontaine.   300,000
Fouille de Bryan.   600,000
——— de Richerood.   75,000
Fourche Boustry.   40,000
Mines à Robines.   30,000
Mine de Lamothe.   100,000
                                               ————————
                                               1,525,000

Les trois cinquièmes environ sont extraits sur les concessions *Renaut*.

N°. 10.

LETTRE *de M. Hydé-de-Neuville à M. Roüthiér, le 11 mars 1835.*

Je ne sais, Monsieur, si vous obtiendrez justice, mais je sais bien
qu'elle vous est due, et je rougis pour mon pays de voir avec quelle
facilité on arrive à sacrifier tous les intérêts nationaux.

Ma voix s'élève aujourd'hui dans le désert ; on va peut être jusqu'à penser qu'il y a de l'esprit de parti dans ma réclamation : un jour,
on me rendra pleine justice ; je ne suis dans tout ceci que Français.

Si vous faites imprimer ma lettre, je vous prie de m'en faire remettre, de suite, plusieurs copies ; elles me sont demandées par des Députés, qui défendront vos droits.

Recevez, Monsieur, l'assurance de ma considération très-distinguée ;

Signé , HYDE-DE-NEUVILLE.

N°. 11.

MONITEUR DU 15 AVRIL 1835.

Séance de la Chambre des Députés.

Extrait du Discours de M. JAY, Rapporteur de la Loi.

Puisqu'il s'agit de la Louisiane , je saisirai cette occasion de recommander à l'attention et à la justice du Gouvernement, les réclamations des héritiers Renaut ; d'un homme qui a rendu de grands services à la colonie de la Louisiane. Ces héritiers ont des indemnités à réclamer pour les pertes qu'ils ont éprouvées, par suite de la mésintelligence qui a existé entre la France et les États-Unis. Leurs titres sont *incontestables*. Ils ont eu à se plaindre du Gouvernement fédéral; c'est un titre de plus à la bienveillance du Gouvernement français.

N° 12.

MONITEUR DU 6 JUIN 1835.

Séance de la Chambre des Pairs.

Extrait du Discours de M. de BARANTE, Rapporteur de la Loi.

C'est ici le lieu de rendre compte à la Chambre de plusieurs pétitions qui lui ont été adressées par les Créanciers français, depuis long-temps en réclamations aux États-Unis.

Les héritiers Renaut réclament la remise en propriété et en jouissance des mines de plomb, concédées à leur ancêtre à la Louisiane;

ils voudraient que la Chambre, déclarant leurs droits, interprètât le Traité en leur faveur, et déclarât, soit qu'ils doivent avoir part dans la somme allouée aux créances françaises, soit qu'ils peuvent former opposition au paiement des 25 millions, accordées aux créances américaines : cette réclamation des héritiers Renaut paraît digne d'un fort grand intérêt. A diverses époques, elle a été appuyée de la recommandation de notre Gouvernement, et notre légation s'en est occupée. Sans doute, ce devoir ne cessera point d'être rempli envers eux ; mais les attributions de la Chambre ne lui permettent pas d'énoncer un avis sur le mérite de leur réclamation. Nous ne sommes ni un tribunal, ni une commission de liquidation ; il ne nous appartient pas d'apprécier la force et la valeur des Titres qui pourraient être produits. Ce n'est pas la Chambre qui déciderait si le texte de l'art. 3 s'applique en tout ou en partie à la réclamation, et si la propriété des héritiers Renaut, ou les marchandises à eux appartenant, ont été illégalement confisquées. Ou, les héritiers Renaut ont droit à prendre part aux 1,500,000 fr. que le Traité alloue aux Créanciers français ; alors leur demande sera jugée par des liquidateurs français, ou ils excipent de Titres non compris dans les cathégories du Traité de 1831, et leur réclamation suivra son cours légal et naturel, pardevant le Gouvernement des États-Unis, avec la recommandation officieuse du nôtre. Enfin, si les Américains violent, en ce qui touche les héritiers Renaut, les règles légales ou les stipulations écrites dans la cession de la Louisiane, leur affaire devra devenir l'objet d'explications diplomatiques et officielles entre les deux Gouvernemens.

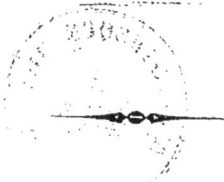

N° 13.

MINISTÈRE DES AFFAIRES ÉTRANGÈRES. — *Commission de Liquidation.*

Paris, le 20 août 1836.

Monsieur,

La réclamation adressée par vous à la Commission de liquidation des créances françaises sur l'Amérique, datée du 17 juin 1836, et accompagnée de pièces à l'appui, m'est parvenue, et a été enregistrée au département des Affaires étrangères.

La forme du récépissé régulier, dont l'ordonnance du 24 mai dernier prescrit la délivrance aux réclamans, devant être incessamment réglée par la Commission, la lettre que j'ai l'honneur de vous écrire vous en tiendra lieu pour le moment. J'aurai soin que le récépissé vous parvienne le plus promptement possible.

Recevez, Monsieur, les assurances de ma parfaite considération.

Le membre de la Commission faisant fonctions de Secrétaire,

Signé, DESMOUSSEAUX DE GIVRÉ.

NOTE ESSENTIELLE.

Les héritiers Renaut avaient lieu de penser que, d'après la loi et l'ordonnance royale, la Commission chargée de donner son avis sur toutes les réclamations, sauf le recours au Conseil-d'État, aurait puisé dans les archives du Ministère, ou dans les Légations Américaines, tous les élémens propres à fonder son opinion.

Les réclamans avaient demandé au Ministre le droit de prendre communication de leur dossier, pour suppléer, par des documens certains ou par des copies certifiés, aux pièces qui devaient servir à former la conviction des juges. M. le Ministre avait accueilli cette demande, formée avec d'autant plus de raison de leur part, qu'il leur paraît prouvé que des Titres les plus essentiels n'ont pas été recueillis.

Les héritiers déclarent qu'ils n'ont pu obtenir cette communication de la dernière Commission ; ni qu'ils n'ont pas été entendus par elle, pour justifier que les dévastations, les pertes, les ventes de leurs produits, et les droits, les placent dans l'article 3, quant à l'indemnité.

Mais au Conseil-d'État, le débat sera contradictoire, oral et public ; les hauts fonctionnaires qui le composent sauront juger si la famille Renaut n'est pas une des familles françaises qui ont acquis le plus de droits à son intérêt ; le Conseil-d'État aura très-incessamment à prononcer, et à déterminer quelle doit être leur portion à l'indemnité, sur les fonds réservés en caisse, conformément à l'article 5 de l'ordonnance royale, pour faire face à ces objets.

Les héritiers Renaut s'appuieront même sur la décision de la Commission, qui reconnaît que leur Titre de propriété est réel et incontestable.

Au nom de tous les ayant-droit,

ROUTHIER

Paris. Imprimerie de Beaulé et Jubin, rue du Monceau-St-Gervais, 8.

N°. 45.

EXTRAIT DE LA GÉNÉALOGIE
DE PHILIPPE-FRANÇOIS RENAUT.

De deux actes de notoriété passés, l'un devant Me Bocquet, notaire à Paris; l'autre devant Me Bonnet, notaire à Charleroy (Hainault), et des actes de l'état civil y annexés, il appert que PHILIPPE-FRANÇOIS RENAUT, ancien directeur des mines, aux Illinois, est décédé le 24 avril 1755, laissant pour héritiers :

1°. PHILIPPE-FRANÇOIS-CÉLESTIN RENAUT;
2°. JOSEPH-THOMAS RENAUT;
3°. MARIE-JEANNE-AUGUSTINE RENAUT;
4°. MARIE-CAROLINE-GABRIELLE RENAUT;
5°. Et MARIE-ANNE-CÉLESTINE-PHILIPPINE RENAUT;

Que JOSEPH-THOMAS RENAUT et MARIE-JEANNE-AUGUSTINE RENAUT sont décédés sans postérité;

Que PHILIPPE-FRANÇOIS-CÉLESTIN RENAUT est décédé, laissant pour unique héritière sa fille légitime, AMÉLIE-JOSEPH RENAUT, épouse de M^r DE PANCEMONT;

Que MARIE-CAROLINE-GABRIELLE RENAUT est décédée, laissant deux enfans pour héritiers légitimes :

1°. MARIE-ADRIENNE-PÉLAGIE LATOUR, veuve de MATHIAS SERVAIS, et 2°. HYPOLITE LATOUR;

Que MARIE-ANNE-CÉLESTINE-PHILIPPINE RENAUT est décédée, laissant pour unique héritière sa fille MARIE-JULIE-CÉLESTINE-FRANÇOISE, veuve LOUISE-MATHIAS.

TABLEAU,
PHILIPPE-FRANÇOIS RENAUT.
De cujus :

PHILIPPE-FRANÇOIS-CÉLESTIN RENAUT.	JOSEPH-THOMAS RENAUT, décédé sans postérité.	MARIE-JEANNE-AUGUSTINE RENAUT, décédée sans postérité.	MARIE-CAROLINE-GABRIELLE RENAUT.	MARIE-ANNE-CÉLESTINE-PHILIPPINE RENAUT.
AMÉLIE-JOSEPH RENAUT; épouse de Pancemont, représentée par Mme la Ctsse veuve de Tournon et ses fils.			MARIE-ADRIENNE-PÉLAGIE LATOUR, veuve de Mathias SERVAIS.	HYPOLITE LATOUR, décédé; représenté par les héritiers SERVAIS et ROUTHIER.	MARIE-JULIE-CÉLESTINE-FRANÇOISE, Ve LOUISE MATHIAS.

NOTA. Les principales notabilités du barreau de Paris s'occupent, en ce moment, de donner un avis basé seulement sur le droit public et le droit des gens, relativement à l'indemnité, attendu qu'il ne s'élève aucune contestation sur le droit de propriété.

N°. 14.

EXTRAIT *du Registre établi en exécution de l'article 2 de l'Ordonnance du Roi du 21 mai 1836, relative à la liquidation des créances fondées sur l'article 3 de la Convention du 4 juillet 1831, entre la France et les États-Unis d'Amérique.*

DATE de l'enregistrement DU DÉPART.	DATE de l'enregistrement. DE LA COMMISSION.	DATE de LA DEMANDE.	PIÈCES JOINTES.	
1817.	20 juin 1836.	21 juillet 1817.	trois pièces.	
1817.	20 id.	2 nov. 1817.	cinq pièces.	
1818.	id.	18 octob. 1818.	deux pièces.	
1830.	id.	15 février 1830.	une pièce.	
17 juin 1836.	20 id.	2 juin 1836.	quatorze pièces.	
5 oct. 1836.	5 oct. 1836.	5 octob. 1836.		

Certifié conforme au Registre :
Paris le 8 octobre 1836.
Le Membre de la Commission faisant fonctions de Secrétaire,
Signé, DESMOUSSEAUX DE GIVRÉ.

www.ingramcontent.com/pod-product-compliance
Lightning Source LLC
Chambersburg PA
CBHW071435200326
41520CB00014B/3694